La MEJOR manera de obtener gustos y seguidores de Instagram por $ 1: ¡Comprar me gusta y seguidores puede llevarte a perder tu cuenta! ¡Sigue esta guía para obtener consejos sobre cómo obtener los me gusta de forma justa y barata!

Ya sea que lo supiera o no, está en contra de los términos de servicio para su cuenta de Instagram para comprar Me gusta y para comprar seguidores. Por qué ves muchos sitios web que ofrecen seguidores gratuitos y económicos, la mayoría de estos sitios web son estafas operadas por la misma persona y eliminadas cuando son descubiertas. Lo que hacen es enviarle un montón de seguidores falsos, lo que va en contra de los términos de servicio de Instagram y luego, cuando Instagram los elimine, Instagram agrega una cierta tasa por día en que su cuenta se suspende o finaliza y luego el sitio web se enamora con el dinero. .

Entonces, lo que le voy a enseñar no le gustan las fotos y los seguidores haciendo algo muy simple, en lugar de pagar cientos de dólares por los seguidores y me gusta a estas empresas que solo se eliminarán más adelante, simplemente puede pagar a Instagram. Lo que tengo que hacer es configurar una cuenta de anuncios de Facebook y puedes promocionar tu publicación en Instagram.

Ahora suena simple y ¿por qué no lo he hecho antes de que me lo preguntes? Debido a que la mayoría de las personas se sienten atraídas hacia lo que es más fácil, ven a estos miles de seguidores y piensan que solo pueden comprarlos, de lo contrario, no hay compromiso, por lo que los números parecen falsos y para cualquier usuario que vea su cuenta cuando vea sus fotos. De 4 a 5 como 10,000 seguidores, grita que tienes seguidores falsos. Otra es que tienes miles de me gusta pero pocos seguidores.

Así que fue fácil comprar promociones de Instagram en el cielo. Le diré cómo lo hizo por la menor cantidad de dinero y obtener la mayor cantidad de Me gusta de todas sus fotografías. Debido a que gastar $ 30 en una sola foto no es necesario y obtendrá los resultados equivocados si no sabe lo que está haciendo.

Así que comenzaremos con lo básico en diferentes tipos de fotos y audiencias.

¿Qué tipo de audiencia quieres? ¿Te importa de dónde viene tu audiencia o simplemente estás interesado en los números? Esta es una pregunta muy importante que debe hacerse porque si no le importa de dónde viene su caída y desea que la mayoría de ellos, la respuesta es, por supuesto, elegir las ubicaciones que tienen los usuarios más comprometidos o poblaciones más grandes. En lugares como India, China y Brasil, obtendremos la mayor cantidad de "me gusta" en Instagram, especialmente si orientas la foto correctamente.

Instagram o para elegir tres países y tres temas. Vea que quiere asegurarse de que esté relacionado con su foto de todos modos para atraer a la gente a que le guste. Usamos una foto de ejemplo mía:

Las fotos de la Torre Eiffel, que se encuentra en París. Ahora, para esta foto, quería que me gustara más, que puedo obtener en un día por un dólar. Así es, solo quería gastar $ 1.
Así que bajo interés seleccioné "Torre Eiffel" "París" y "Francia"
Debajo de los países elegí China, India y Brasil. Usted me mostró que obtendría unas 1600 visitas por día por

un dólar por día. Seleccioné esta opción y ejecuté la campaña durante dos días y obtuve 2000 "me gusta" y varios cientos de seguidores. Ahora tomé la misma foto pero quería seguidores de los países que iba a visitar, así que escogí Francia, Alemania y España. Ahora la cantidad de uso que obtuve por día o la estimación que mostró Instagram fue de 800 o la mitad porque las poblaciones en estas áreas son mucho más pequeñas que las anteriores, sin embargo, quería que la gente de estas regiones siguiera mis fotos, así que seleccioné esas regiones y en las mismas palabras clave que arriba.

Obviamente, esa es una campaña muy fácil debido al hito que todos conocen y seleccionar las etiquetas es bastante fácil. Entonces, ¿qué hice para obtener los miles de me gusta en una foto de mí mismo?

Tuve que usar una estrategia ligeramente diferente. Uso el nombre de la ciudad en la que estaba. Usé el término Selfie, y modelé porque era una foto de modelo. Esto no va a funcionar para todas tus fotos si dices que es una foto tomada en una fiesta que quizás quieras usar la palabra fiesta. Realmente no es ciencia espacial elegir las palabras clave. ¿Quieres masticar algo relacionado con la foto para que puedas reducir los usos que se muestran, porque de lo contrario, Instagram solo se lo mostrará a las personas que no estén interesadas? Si tiene el producto que está promocionando en Instagram, por supuesto, usaría palabras clave relacionadas con esos productos en los lugares donde desea vender. Recuerde que no debe usar etiquetas hash que tengan la palabra Insta hour IG o seguir, etc., Instagram no le permitirá hacer publicidad con estas etiquetas hash. Ya sea Instagram this o IG followers, y surround no aprobará tu promoción y, como intentaste promocionarla, tus palabras clave se moverán y no podrás editarlas ni promocionar la publicación. Antes de promocionar la publicación, asegúrate de que tomas cualquier marca de Instagram relacionada con tus hash tags. No uses la palabra Insta.

Entonces, ¿dónde envías a estas personas? Ese es el tercer paso. Bueno, si estaba vendiendo un producto, probablemente quiera enviarlo a su sitio web. Por lo tanto, debe seleccionar el sitio web y luego ingresar a su sitio web. Si solo estás buscando seguidores, probablemente quieras enviarlos a tu perfil. Establece el presupuesto para probar un dólar por día y deja que se ejecute la promoción y recuerde que su presupuesto es en realidad monetizar hacia la cantidad de clics que obtiene en su sitio web o en su perfil para que pueda obtener miles de "me gusta" y no gastar dinero. en realidad hace clic en él. Aquí hay otro secreto de cómo puedes ahorrar dinero y gastar incluso menos. A medida que obtenga los "me gusta", notará que solo una parte de su presupuesto o nada se ha gastado. Si está satisfecho con la cantidad de "me gusta" que recibió, simplemente puede participar en la promoción y no tendrá que pagar ni siquiera los dólares completos. Así que, literalmente, puede hacer que los gustos de Instagram sean libres de grasa siempre y cuando nadie haga clic en su sitio web o perfil. Solo depende de que tan cerca lo vigilen.

Así que después de ser estafado por cientos de dólares de varias compañías y tener que pasar por losprocesos dePay Palpara recuperar el dinero, decidí probar esto y ¡funciona completamente! Ahora tengo toneladas de seguidores y toneladas de me gusta de personas reales, y solo gasto unos $ 30 al mes porque no hago una foto al día. Puedes hacer más, puedes hacer menos, y cualquiera. Y pagas lo mismo por lo que pagas por bicicletas falsas Y seguidores falsos, y también estás esperando el tiempo de servicio de Instagram, que mantendrá tu cuenta para mantenerse en pie.

¿Estas compañías garantizan que pueden hacer crecer su cuenta y lograr que sus seguidores utilicen robots y utilicen elementos en contra de los términos de servicio y no les importa si su cuenta se suspende o no, solo quieren ganar dinero y correr, así que evítelos? a toda costa, sé que parece tentador comprar seguidores de ellos, parece una solución rápida, pero tan pronto como Instagram descubre que va a eliminar su cuenta de Ban, ya que Instagram se da cuenta de que un montón de seguidores comienzan a abandonar porque desaparece. para y elimina automáticamente las cuentas que obviamente son falsas diariamente. Entonces, si usa este método y lo usa correctamente, puede obtener miles de miles de seguidores por muy poco dinero. Solo asegúrese de que está apuntando a la audiencia que desea y de usar palabras clave para relacionarse con la imagen que publicó. Si se trata de una foto de su perro y usted pone un gato, es posible que obtenga algo de poder debido a que los amantes de los animales en general obtienen más si su láser se enfoca en la foto real. Así que asegúrate de elegir las tres mejores etiquetas para que puedas y los tres mejores países que crees que funcionarán para tu producto o servicio o simplemente busca los mejores países con la mayor ocasión de Instagram porque estos países verán tus fotos.

más. Wow, pensé que Francia sería el país que más me gustara que me gustaran más los números de la Torre Eiffel, por lo que los países que ya tienen medio billón o mil millones de personas y se ponen en Instagram son más propensos a gustarles la foto que a las personas cercanas. a donde realmente tomé la foto. Eso no quiere decir que no logré conocer a algunos amigos, es solo que Francia tiene alrededor de 60 millones de personas comparadas con miles de millones en la India, así que pueden ver por qué obtendría el doble de la cantidad que he prestado atención.

Así que, ¡pruébalo! ¡Arriesgar $ 1 es mejor que $ 50, o $ 100! ¡Y al final tendrás me gusta y seguidores reales!
Si tiene preguntas, contácteme

instagram.com/theChristopherRobeRT

www.ingramcontent.com/pod-product-compliance
Lightning Source LLC
Chambersburg PA
CBHW032312240526
45464CB00023BA/2999